공정 무역,
행복한 카카오 농장 이야기

신동경 글 · 김은영 그림

사계절

아사모아는 오늘도 해가 뜨기 전에 집을 나섰어요.
가족이 하루 동안 쓸 물을 길어 오려는 거예요.
강까지 가는 데만 한 시간이 넘게 걸리기 때문에 일찍 나서야
식구들이 아침을 준비할 수 있거든요. 아프리카 가나에 사는
열한 살 소년은 늘 하루를 이렇게 시작했답니다.
아사모아는 땀에 젖은 얼굴을 씻고는 동이 한 가득 강물을 퍼 담았어요.
"으으으, 으쌰!"
아사모아는 물동이를 머리에 이고 종종걸음으로
집으로 향했어요. 물을 가득 담은 동이는 정말 무거워요.
하지만 요즘에는 무거운 물동이를 이고 집으로
가는 게 별로 힘들지 않아요. 얼마 안 있으면
마을에 우물이 생길 테고, 그럼 이렇게 멀리까지
물을 길으러 오지 않아도 될 테니까요.
아사모아는 그 생각만 하면 저절로 힘이 났어요.

가나는 아프리카 서쪽, 적도에서 조금 북쪽에 있어요.
한 해 내내 따뜻하고 비도 많이 오지요.
하지만 가나의 농촌에는 상수도 시설이 부족해서
주민들이 깨끗한 물을 구하는 데 애를 먹고 있어요.
비가 오지 않는 건기가 되면 가뭄까지 들어
물 사정은 더 나빠져요.

아사모아는 온몸이 땀에 젖어 집에 도착했어요.
엄마가 얼른 땀을 닦아 주며 말했어요.
"아사모아, 아침부터 고생했구나."
다른 식구들도 아침 준비를 하느라 분주했어요.
할머니는 푸푸를 만들기 위해 절구질을 했어요.
푸푸는 카사바와 바나나를 섞어서 만드는 가나 음식이에요.
가나 사람이라면 누구나 좋아하지요.
아사모아보다 세 살 어린 여동생 사라는 흙먼지를 일으키며
마당을 쓸었어요. 아빠는 염소를 살살 달래 아침에 먹을 젖을 짰고요.
그동안 아사모아는 엄마와 함께 쭈그리고 앉아 강에서 길어 온 물을
헝겊으로 걸렀어요. 지저분한 강물을 그냥 마실 수는 없으니까요.
그렇게 해도 물은 여전히 지저분했어요. 물속에서 작은 벌레들이 꼬물거리는 게
보이기도 했어요. 지저분한 물을 먹어서 그런지 아사모아네 마을에는
배앓이를 하는 아이들이 많아요.

아빠가 염소젖을 짜고 나서 말했어요.
"오늘은 카카오 열매를 따는 날이니 서두르자."
아사모아네 가족은 카카오 농사를 지어요.
마을에 사는 다른 집들도 마찬가지예요.

아빠가 아침을 먹자마자 자전거를 끌고 집을 나섰어요.
아사모아도 얼른 자전거 뒷자리에 올라탔어요.
마침 학교가 쉬는 날이라 카카오 농장 일을 도우려는 거예요.
자전거가 달리기 시작하자 상쾌한 바람이 불어왔어요.
아빠가 큰 목소리로 말했어요.
"아사모아, 이번에 카카오를 팔면 새 운동화를 사 줄게."
"아니에요. 아직 신을 만한걸요."
아사모아는 새 운동화를 갖고 싶은 마음을 꾹 눌렀어요.
카카오를 기르기 위해 아빠가 얼마나 힘들게 일하는지 알고 있기
때문이지요. 하지만 아빠도 아사모아의 이런 마음을 모르지 않았어요.
"신을 만하긴? 네 운동화에 구멍이 난 걸 아빠가 모를 줄 알았니?
이번엔 카카오 판 돈으로 가장 먼저 네 운동화를 사자."

아사모아네 카카오 농장은 마을에서 조금 떨어진 숲에 있어요.
집에서 자전거로 15분쯤 걸리지요. 카카오나무는 키 큰 나무들이
드리우는 그늘 아래에서 잘 자라기 때문에 숲 속에 농장이 있는 거예요.
아빠는 늘 아침 일찍 농장으로 일하러 갔어요.
한낮에는 햇볕이 너무 뜨거워 일을 할 수 없기 때문이에요.
아침에도 덥기는 마찬가지였어요.

카카오나무는 적도 근처 따뜻하고 비가 많이 오는 곳에서만 자라요. 씨앗을 싹 틔워 기른 작은 묘목을 키 큰 나무나 바나나나무 아래에 심어요. 묘목이 튼튼하게 자라려면 꼭 그늘이 있어야 하거든요.

묘목을 심고 3년쯤 키워야 열매를 맺어요. 열매를 맺는 나무에는 흰색 꽃이 몇천 송이나 피어요. 숲에 사는 곤충들이 꽃가루받이를 해 주어야 열매로 자랄 수 있어요. 몇천 송이 꽃 중에서 열매로 자라는 건 3~10퍼센트밖에 안 되지요.

열매는 줄기나 큰 가지에 달려요. 작은 열매가 큰 열매로 자라서 익는 데는 6개월쯤 걸려요. 그동안에 틈틈이 가지치기를 해 주어야 해요. 나무가 너무 크게 자라면 돌보기도 어렵고 열매를 따기도 어렵거든요.

조금만 움직여도 땀이 등을 타고 흘러내렸고, 독뱀과 전갈에
물리지 않으려고 긴 장화까지 신었기 때문에 아빠는 금세 지치곤 했어요.
그런 데다 카카오 농장 일은 해도 해도 끝이 없어요.
카카오나무 둘레에 자란 풀을 시시때때로 뽑아 주어야 하고,
또 틈틈이 가지치기도 해야 했어요. 아빠가 그토록 고생한 덕분에
드디어 오늘 카카오 열매를 따게 된 거예요.

열매가 자라는 동안에는 늘 열매를
꼼꼼하게 살펴보아야 해요. 혹시
병든 열매가 있으면 얼른 따서
치워야 하거든요. 그러지 않으면
병이 온 열매에 퍼져 버려요.

카카오나무에서 떨어진 잎이 땅에 닿아
잘 썩게 하려면 풀을 뽑아 주어야 해요.
잘 썩은 카카오 잎은 좋은 거름이 되고,
카카오나무 꽃이 필 때 꽃가루받이를 해 주는
곤충들의 보금자리가 되기
때문이에요.

그리고 참! 카카오나무 사이사이에
키우는 바나나나무도 돌보아야 해요.
바나나나무의 넓은 잎은 카카오나무에
그늘을 만들어 주고, 바나나는 푸푸를
만드는 데 꼭 필요하니까요.
이렇게 열매가 완전히 익어서
거둬들일 때까지 카카오 농장 일은
정말 해도 해도 끝이 없어요.

아사모아와 아빠가 농장에 들어서자,
먼저 와 있던 마을 어른들이 농담을 던졌어요.
"농장 주인이 가장 늦게 나타나다니,
아주 게으른 사람이구먼."
아사모아네 마을에서는 카카오를 품앗이로
수확하기 때문에 모두들 모인 거예요.
아빠는 늦게 온 게 미안했는지 머리를
긁적이며 말했어요.
"딱 하루 늦은 걸 가지고 너무 그러지
마세요. 품앗이할 때 늘 일등으로
나타나는 사람이 바로 저 아닙니까?"
아빠들이 긴 장대에 매단 칼로
럭비공처럼 생긴 카카오 열매를 땄어요.
아사모아는 부모님을 따라온 친구들과 함께
열매를 모아 엄마들에게 가져다주었지요.

가끔 카카오 열매를 진짜 럭비공처럼 던지는
장난도 쳤어요. 그럴 때면 엄마들이
큰 소리로 야단을 쳤어요.
"이 녀석들, 그러다 열매가 깨지면 어쩌려고 그래?"
엄마들이 카카오 열매를 가르자 씨앗이 모습을 드러냈어요.
이곳에서는 카카오 씨앗을 카카오 콩이라고 해요.
카카오 콩으로 누구나 좋아하는 초콜릿을 만들지요.

카카오 열매 수확이 끝난 뒤에도 아빠는 사흘에 한 번씩 농장에 갔어요. 커다란 바나나 잎으로 꽁꽁 싸매서 그늘에다 둔 카카오 콩을 가끔씩 뒤집어 줘야 하거든요. 그래야 위아래를 똑같이 발효시킬 수 있으니까요. 이렇게 일주일쯤 발효시키면 카카오 콩이 갈색으로 변하면서 맛있어져요.
발효가 끝나자 아빠가 콩을 잔뜩 실어 왔어요. 이제 이 콩을 잘 말리기만 하면 좋은 값에 팔 수 있어요.
아사모아네 식구들은 정성껏 콩을 말렸어요.
엄마와 할머니는 대나무 평상에 펼쳐 놓은 콩을 부지런히 뒤집어 주었어요.
콩들이 골고루 햇볕을 받게 하고, 덜 익은 콩이나 깨진 콩을 골라내려는 거예요.
사라가 콩 한 알을 아사모아에게 건네며 말했어요.
"오빠, 이것도 골라내야 해?"
아사모아가 콩 고르기 전문가이기라도 한 듯이 뻐기며 말했어요.
"어디 봐. 이건 잘 익은 콩이니까 그대로 둬."
아사모아가 하는 말을 듣고 엄마가 빙그레 웃으며 말했어요.
"아사모아가 제법인걸! 콩도 고를 줄 알고. 이제 그만하고 놀아도 돼."

아사모아는 날마다 학교에서 돌아오자마자 카카오 콩 말리는 일을 도왔어요.
콩을 잘 말려야 좋은 값을 받을 테고, 그래야 새 신발이 생길 테니까요.
그런 아사모아가 기특했던지 할머니가 옛날이야기를 들려주었어요.
"아사모아, 우리가 카카오 농사를 지어 먹고살게 된 게 누구 덕분인지 아니?"
아사모아는 가나가 한때 영국의 식민지였다는 사실을 기억해 내고는 대답했어요.
"영국 사람 아니에요?"
할머니가 웃으며 말했어요.
"아니란다. 우리나라에 카카오를 들여온 건 가나 사람인 테테 콰시 어른이야.
그 어른은 대장장이였는데, 적도 기니를 여행하고 돌아오는 길에
카카오 콩 몇 알을 주머니에 넣고 오셨단다. 그걸 심어서 기른 게
우리나라 카카오 농사의 시작이었지."
가나 사람 스스로 카카오를 들여왔다는 말을 들으니,
아사모아는 마음이 뿌듯했어요.
며칠만 더 말리면 카카오 콩을 팔 수 있어요.
가슴이 콩닥콩닥, 아사모아는 어느 해보다 그날이 기다려졌어요.

초콜릿은 어떻게 생겨났을까요?

신에게 바치는 신성한 음료였어요

카카오나무의 학명은 테오브로마 카카오예요. '신의 음식 카카오'라는 뜻이지요. 이런 이름이 붙은 건 다 까닭이 있어요. 3천 년 전부터 카카오나무를 길러 온 중앙아메리카의 마야 사람들은 신에게 제사를 지낼 때 카카오 열매로 만든 카카오 음료를 바쳤어요. 중앙아메리카를 제패했던 아즈텍 제국 사람들은 카카오나무를 신의 선물이라고 여겼지요. 이들에게는 카카오 신도 있었어요.

처음에는 카카오 가루를 물에 타서 마셨어요

카카오 음료는 마야와 아즈텍 사람들 가운데서도 귀족들만 먹을 수 있었어요. 그만큼 귀한 음식이었지요. 마야와 아즈텍 사람들은 카카오 콩을 볶고 갈아서 물에 탄 뒤에 바닐라, 고추, 말린 꽃잎 따위를 섞어서 마셨어요. 카카오 음료를 마시면 기분이 좋아지고 힘이 났어요. 귀족들한테는 자기 이름을 적은 카카오 음료 전용 잔도 있었어요.

노예 노동으로 카카오를 생산했어요

1521년에 아즈텍 제국을 침략한 에스파냐 사람들이 카카오를 유럽에 들여왔어요. 유럽 사람들은 더 많은 카카오를 생산하기 위해 서아프리카를 비롯한 자신들의 식민지에 농장을 만들고 노예를 부려 카카오를 길렀어요. 그렇게 해서 카카오가 전 세계로 퍼져 나간 거랍니다. 누구나 좋아하는 초콜릿이 전 세계로 퍼져 나가게 된 데에는 노예 노동이라는 슬픈 역사가 숨어 있어요.

약 200년 전에 지금 같은 초콜릿이 만들어졌어요

가루로 만들어 물에 타 마시기만 하던 카카오를 지금처럼 여러 가지 모양의 초콜릿으로 만들어 먹을 수 있게 된 것은 1828년 네덜란드의 화학자 반 호텐이 카카오 콩에서 '카카오 버터'라는 기름을 분리하는 방법을 알아낸 뒤부터랍니다.

아사모아와 사라는 늘 초콜릿 맛이 궁금했어요. 한 번도 먹어 본 적이 없거든요.
"오빠, 초콜릿은 어떤 맛일까?"
"바나나처럼 달콤하기도 하고 카카오 콩처럼 쓰기도 하대."
아사모아네 마을에서 길러 낸 카카오 콩은 모두 외국에 팔아요.
초콜릿 공장이 있는 나라에 수출하는 거지요. 가나는 외국의 공장에서
만든 초콜릿을 다시 수입해요. 하지만 값이 너무 비싸서 사 먹을 수가 없어요.
40그램짜리 작은 초콜릿 1개에는 카카오 콩 40개 정도가 들어가는데,
값은 카카오 콩 1000개 값과 맞먹으니까요. 카카오 콩은 무지 싼데,
그것으로 만드는 초콜릿은 왜 그렇게 비싼지 아사모아는 알 수 없었어요.
아무것도 모르는 사라가 말했어요.
"오빠, 나 초콜릿 먹어 보는 게 소원이야."
"그럼 정말 좋겠다. 하지만 콩값이나 떨어지지 않으면 좋겠어."
아사모아가 이런 말을 한 건 다 까닭이 있어요. 콩값이 너무
내려가는 바람에 아사모아네 가족과 마을 사람들이
큰 어려움을 겪은 적이 있거든요.

초콜릿은 어떻게 만들까요?

카카오 콩이 맛있는 초콜릿으로 변신하려면 긴 과정을 거쳐야 해요. 카카오 콩을 볶고, 갈고, 우유나 설탕 같은 다른 재료와 섞어서 잘 휘저어 주어야 입에서 살살 녹는 부드러운 초콜릿이 된답니다. 초콜릿은 큰 공장뿐 아니라 집에서도 만들어 먹을 수 있어요.

1. 카카오 콩 볶기
섭씨 120도에서 160도 사이의 온도에서 카카오 콩을 볶아요. 카카오 콩을 볶아야 맛과 향이 더 좋아져요.

2. 카카오 콩 껍질 벗기기
카카오 콩을 잘게 부숴요. 이때 벗겨져 나오는 껍질은 바람을 이용해서 제거해요.

카카오 버터를 뽑아내고 남은 찌꺼기는 잘 말려서 고운 가루로 만들어요. 이 가루는 코코아차나 요리 재료로 써요.

3. 카카오 콩 갈기
껍질을 제거한 카카오 콩을 곱게 갈면 기름 성분이 많아 걸쭉한 액체 상태가 돼요. 이것을 '카카오 매스'라고 해요.

4. 카카오 버터 뽑아내기
카카오 매스 가운데 반은 그대로 두고 반은 꼭 눌러서 기름을 뽑아내요. 이 기름을 '카카오 버터'라고 해요.

6. 굳히기
여러 가지 모양의 틀에 잘 휘저은 초콜릿을 넣고 식혀서 굳혀요.

5. 재료 섞어 휘젓기
카카오 매스에 카카오 버터와 여러 가지 재료를 섞어 휘저어 줘요. 초콜릿을 만들려면 며칠 동안 잘 휘저어야 해요. 그래야 초콜릿이 부드러워져요. 섞는 재료에 따라 초콜릿의 종류가 달라져요.

다크 초콜릿 카카오 매스 + 카카오 버터 + 설탕

밀크 초콜릿 카카오 매스 + 카카오 버터 + 우유 + 설탕

화이트 초콜릿 카카오 버터 + 우유 + 설탕

할머니 말씀으로는 카카오 콩을 황금이라고 부를 정도로 콩값이 꽤
높은 때도 있었대요. 그때는 먹고살 걱정을 할 필요가 없었대요.
그런데 언제부턴가 콩값이 내려가기 시작했어요.
해마다 툭툭! 날이 갈수록 투두두둑!
콩값이 내려간 건 카카오 콩 생산량이 늘었기 때문이에요. 돈벌이가 된다는 걸 알고
여러 나라에서 너도나도 카카오 농장을 만들어 콩을 길러 냈지요.
사려는 사람은 그대로인데 팔려는 사람이 늘어났으니 가격이 내려갈 수밖에요.
초콜릿을 만드는 회사들은 콩값이 내려가는 것이 좋았어요.
카카오 콩을 싼값에 사면 그만큼 이득을 더 남길 수 있었으니까요.

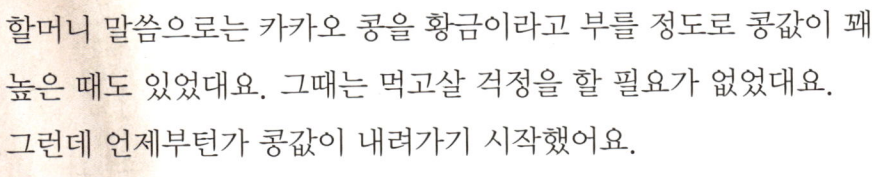

아사모아네 마을 사람들은 카카오 농사를 지어서는 먹고살 수 없게 되었어요.
비료며 농약을 더 많이 뿌려 카카오 콩 생산량을 늘려도 달라지는 건 없었어요.
하루하루 내려가는 콩값 때문에 마침내는 끼니를 걱정해야 할 처지가 되었어요.
어른들도 아이들도 어깨를 축 늘어뜨리고 다니는 모습이
어린 아사모아의 눈에도 정말 슬프게 보였어요.

그러던 어느 날, 마을에 한바탕 난리가 났어요.
보아텡 아저씨가 숲의 나무를 베어다가 팔았기 때문이에요.
카카오나무가 자라는 데 꼭 필요한 키 큰 나무들을요.
마을 어른들은 화가 나서 보아텡 아저씨에게 따졌어요.
"아무리 다급해도 그렇지, 나무를 베어 내면 어떻게 카카오를 길러요!"
"그럼 굶어 죽으란 말이오?"
보아텡 아저씨가 나무를 베어다 판 것은 딸 때문이었어요.
평소에도 지저분한 물 때문에 아이들이 자주 배앓이를 하곤 했는데,
제대로 먹지 못해 몸이 약해진 나나가 강물을 먹고 그만 병이 난 거였어요.
병원에 갈 돈이 없으니, 급한 대로 나무를 베어 땔감으로 판 거지요.
보아텡 아저씨가 이렇게 한 뒤로 다른 사람들도 덩달아
숲의 나무를 베어다 팔았어요. 마을 숲은 날이 갈수록 황폐해졌어요.
결국 보아텡 아저씨와 몇몇 어른들은 더는 견디지 못하고
일감을 찾아 도시로 떠났어요.

아빠와 마을 어른들이 만나서 머리를 맞대고 의논했어요.
"이렇게 가다간 우리 모두 카카오 농사를 포기하고 도시로 나가야 해요."
"도시에 간다고 먹고살 수 있나? 일자리도 없고, 할 줄 아는 것도 없는데."
"그럼 어떻게 하면 좋겠어?"
"모두 힘을 합해야죠."
어른들은 조합을 만들었어요. 같은 일을 하는 사람들이 공동의 이익을 위해서 만든 단체를 조합이라고 하지요.

일단 카카오 콩을 팔 때 함께 모여 상인들과 협상을 해요. 그럼 조금이라도 값을 더 받을 수 있으니까요.

비싼 비료를 사지 말고 퇴비를 만들어 쓰는 것도 좋겠군. 내가 방법을 알아.

조합의 이름은 '쿠아파 코쿠'였어요. '훌륭한 카카오 농부'라는 뜻이에요. 조합을 만든 뒤로 마을 어른들은 그동안 저마다 비밀로 간직해 왔던 농사 비법을 서로 알려 주었어요.
한 농장에 문제가 생기면 힘을 모아 해결하기도 했어요.
그러다 보니 아사모아네 마을에서 생산한
카카오 콩의 품질은 날이 갈수록 좋아졌어요.
어른들은 계속 이웃 마을을 찾아다니며
함께 조합 활동을 하자고 설득했어요.

콩의 품질을 높여야 해. 힘이 들어도 콩은 꼭 햇볕에 말려야 해. 불을 때서 말린 콩은 품질이 안 좋아.

카카오 열매 껍질을 그냥 버리는 게 아까워. 열매 껍질로 비누를 만든다는 이야기를 들은 적이 있는데, 우리도 한번 해 보자고.

노력하면 행운이 찾아오기도 하나 봐요.
어느 날, 영국에서 웬 사람들이 조합을 찾아왔어요. 그 사람들이 콩값을 더 주겠다고 했어요. 마을 사람들은 처음에는 그들의 말을 믿지 못했어요. 카카오 콩을 사 가는 사람들은 늘 한 푼이라도 덜 주려고 했으니까요.
"당신들이 누군데 콩값을 더 주겠다는 거요?"
"우리는 공정 무역을 하는 사람들입니다."
"공정 무역이 뭐요?"
"나라와 나라 사이에 공평하고 올바르게 물건을 사고파는 일을 공정 무역이라고 해요. 예를 들면 초콜릿을 만드는 회사가 농부들이 생산한 카카오 콩을 정당한 값을 주고 사 간다는 뜻이지요."
초콜릿 회사가 있는 잘사는 나라에도 제값을 주고 카카오 콩을 사 가는 것이 옳은 일이라고 생각하는 사람들이 있었던 거예요. 그런 사람들이 만든 단체에서 아사모아네 마을 사람들이 공정 무역으로 카카오 콩을 팔 수 있도록 도와주려고 찾아온 거였어요.

맞아요. 우리가 농사지은 카카오 콩으로 만든 초콜릿이 하도 비싸서 우리는 먹어 보지도 못했어요.

지금의 카카오 무역은 불공정한 무역입니다. 콩값이 자꾸 내려가서 농부들은 점점 가난해지는데, 초콜릿 회사는 점점 부자가 되니까요.

공정 무역이란 무엇일까요?

생산자에게 정당한 대가를!

카카오 콩은 값이 자꾸 떨어져 농부들은 점점 가난해지는데 초콜릿 회사는 점점 부자가 되는 카카오 무역은 공정하지 않아요. 농부들이 카카오 콩을 팔아 농사에 필요한 농기구를 사고, 아이들을 학교에 보내고, 먹을거리를 살 수 있어야 하지 않을까요? 생산자들에게 정당한 대가, 곧 그들이 당연히 받아야 할 몫을 주는 무역을 하자는 것이 공정 무역이에요.

최저 가격을 보장해요

물건을 사고팔 때 가격은 그때그때 달라요. 보통 사려는 양이 팔려는 양보다 많으면 가격이 올라가고, 그 반대일 때는 가격이 내려가요. 이렇게 정해지는 가격을 시장 가격이라고 해요. 공정 무역에서는 최저 가격을 보장해요. 최저 가격은 카카오 콩을 생산하는 데 들어간 돈과 농부가 일한 값, 농부의 가족이 살아가는 데 필요한 돈, 그리고 농부가 더 좋은 카카오 콩을 생산하기 위해 쓸 돈 등을 계산해서 결정해요. 시장 가격이 아무리 내려가도 농부들은 공정 무역에서 정한 최저 가격을 받을 수 있어요. 시장 가격이 최저 가격보다 높으면 농부들은 시장 가격으로 콩을 팔아요.

지구 환경을 지키는 공정 무역

공정 무역으로 농산물을 팔려는 농부는 최대한 친환경적으로 농사를 지어야 해요. 그러면 농부는 몸에 해로운 농약을 치지 않아도 되고, 소비자는 몸에 좋은 음식을 먹을 수 있어요. 또 지구 환경에도 도움이 돼요. 숲을 파괴하지 않기 때문에 울창한 숲에 다양한 동물과 식물들이 살 수 있어요. 또 숲이 지구 온난화의 주범인 이산화탄소를 빨아들여 지구가 더워지는 것도 막아 주지요.

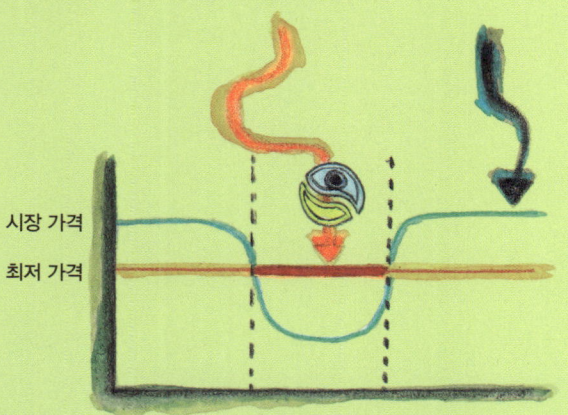

공동체를 위한 공정 무역 프리미엄

공정 무역에서는 최저 가격을 보장하고 생산자들이 만든 조합에 별도의 돈을 줘요. 이것을 '공정 무역 프리미엄'이라고 해요. 공정 무역 프리미엄을 어디에 쓸지는 조합원들이 의견을 모아서 정해요. 보통 병원이나 학교를 짓고 마을에 우물을 파는 등 지역 공동체를 위한 일에 쓰지요.

공정 무역 인증 마크

공정 무역 제품에는 공정 무역 인증을 받았다는 표시가 붙어 있어요. 이 표시가 붙은 제품은 생산자들에게 정당한 대가를 지불한 것이에요. 또한 재배 과정도 친환경적이고, 어린이들에게 힘든 노동을 시키지 않고 생산한 제품이지요.

세계 공정 무역 상표 기구의 마크   세계 공정 무역 기구의 마크

영국에서 온 사람들은 공정 무역을 해서 만든 초콜릿이
일반 무역으로 만든 초콜릿과 어떻게 다른지 자세히 말해 주었어요.
"천 원짜리 초콜릿 하나를 팔면 농부들한테 40원이 돌아가요."
영국 사람 말에 마을 어른들이 웅성거렸어요.
"그럼 나머지는 누구한테 돌아가는 거요?"
"초콜릿에는 다른 재료도 들어갑니다. 운반비와 제조비도 들지요.
나라에서 세금도 걷어 가고요. 나머지는 초콜릿 회사와 상점의 이익이에요."
아빠가 한숨을 쉬며 물었어요.
"콩값이 내려가면 누가 이득을 보는 거요?"
"그야 초콜릿 회사지요."
"그럼 우리가 가난해질수록 초콜릿 회사는 부자가 되는 거로군."
"공정 무역을 하면 여러분한테 돌아가는 몫이 조금이나마 커져요."

일반 무역으로 만든 초콜릿

최저 가격을 보장하니까요. 마을 공동체를 위한 돈도 따로 드리고요."
"우리한테 돈을 더 준다니, 그 돈은 어디서 나오는 거요?"
"소비자들이 조금 비싼 값에 초콜릿을 사는 거예요."
마을 사람들은 세상이 어떻게 돌아가는지 비로소 알게 되었어요.
마을 어른들은 몇 날 며칠을 고민한 끝에 공정 무역을 하기로 결정했어요.
그 뒤 영국 공정 무역 단체는 정말로 제값을 주고 카카오 콩을 사 갔어요.

일반 무역으로 만든 초콜릿 vs 공정 무역으로 만든 초콜릿

최저 가격을 보장해요. 농부들이 받은 돈 가운데 20원에서 30원은 마을 전체를 위한 일에 써요.

카카오 농부 95원

초콜릿을 만드는 데 들어가는 다른 재료들도 모두 공정 무역으로 거래한 것을 써서 비용이 더 늘어나요.

초콜릿 회사 100원

운송비와 제조비 400원

부가 가치세 165원

1100원을 주고 상점에서 허허 초콜릿을 하나 샀어요. 크기는 같은데 쉬쉬 초콜릿보다 조금 비싸요. 하지만 허허 초콜릿에는 이런 비밀이 숨어 있어요.

허허 초콜릿 1100원

상점 340원

공정 무역으로 만든 초콜릿

공정 무역이 시작된 뒤로 마을에는 많은 변화가 생겼어요.
가장 먼저 카카오 농사를 짓는 방법이 바뀌었어요. 돈을 주고 사서 뿌리던
비료를 쓰지 않고, 그 대신 숲에서 자라는 풀로 퇴비를 만들어 썼어요.
카카오나무가 병드는 것을 막으려고 치곤 했던 독한 농약도 쓰지 않았지요.
그건 농부들에게 아주 좋은 일이었어요.
"농약을 칠 때마다 머리가 아팠는데, 이젠 그런 일이 없어져서 좋구나."
아빠가 하는 말을 듣고 아사모아도 참 다행이라고 생각했어요.
그뿐이 아니에요. 마을 어른들한테는 자신들이 세상에서 가장 좋은
카카오 콩을 생산한다는 자부심이 생겼어요.
마을 어른들은 함께 일을 시작할 때마다 이렇게 외쳐요.
"파 파 파!"
아사모아네 마을에서 쓰는 말로 '최고 중의 최고'라는 뜻이에요.
세상에서 가장 좋은 카카오 콩을 만들겠다는 마음이지요. 그래서 그런지
마을 어른들은 모이기만 하면 자기가 기른 콩이 최고라고 자랑했어요.
"이 콩 좀 보게. 내가 기른 콩이 최고 아닌가?"
"뭔 소리야? 내 콩이 자네 콩보다 열 배는 좋아 보이는구먼."
그러다가도 기안 아저씨만 나타나면 모두들 바로 꼬리를 내렸어요.
가장 좋은 카카오 콩을 기른 사람에게 주는 상은 언제나
기안 아저씨 차지였으니까요.

일감을 찾아 도시로 떠났던 어른들도 마을로 돌아왔어요.
보아팅 아저씨도 나나를 데리고 다시 나타났지요.
카카오 농장이 있는 숲의 나무를 베어다가 파는 일도 없어졌고요.
이제 마을 숲은 다시 울창해졌어요.
숲에 찾아오는 동물들도 늘어났어요. 새들이 너무 많이 찾아와
카카오 열매를 쪼아 먹을까 봐 어른들이 걱정할 정도예요.
그래도 아사모아는 숲에서 동물들을 볼 수 있다는 게 좋기만 해요.
날마다 농장에 찾아오는 원숭이하고는 친구처럼 지낸답니다.
농장 근처에 푸푸를 놓아두면 눈치를 보다가 슬금슬금 다가와
먹는 모습이 아주 귀여워요.
아사모아가 원숭이에게 이름도 붙여 주었어요.
"너는 푸푸를 잘 먹으니까 앞으로 '푸푸'라고 부를게."

드디어 콩 파는 날이 되었어요. 아침부터 카카오 콩을 자루에 담아 온 사람들로
마을 회관이 북적거렸어요. 줄을 서서 기다리는 동안에도 어른 아이 할 것 없이
모두 싱글벙글 웃었어요. 어른들은 콩값을 받는 날이고,
아이들은 갖고 싶은 물건을 살 수 있는 기회이니까요.
게다가 이제는 저울 눈금을 속이는 일도 없으니 그럴 수밖에요.
"아사모아 엄마, 우리 콩 무게 좀 잘 달아 줘."
"저울이 거짓말을 하나요. 걱정하지 마세요. 정확하게 달고 정확하게 기록할게요."
카카오 콩의 품질을 검사하고 무게를 달고 기록하는 일은
정직하고 꼼꼼한 아사모아 엄마가 맡았어요.
엄마는 기록원이 된 걸 무척 자랑스러워해요.

아사모아네는 올해 열다섯 자루를 팔았어요.
그 돈으로는 망가진 집을 수리하고, 아이들 공책을 사고,
먹을거리를 사기에도 빠듯해요. 그래도 엄마는 행복하대요.
"카카오 농사만 잘 지으면 먹고살 수 있으니, 얼마나 다행인지 몰라."
이렇게 된 건 모두 공정 무역으로 카카오 콩을 팔 수 있는 덕분이에요.
아사모아한테는 곧 새 운동화가 생기겠죠?

아사모아는 조심조심 걸었어요. 질척질척한 곳은 피하고,
물웅덩이가 나오면 껑충 건너뛰었어요. 그렇게 조심했는데도
학교에 도착해서 보니 새 운동화에 흙먼지가 뽀얗게
앉아 있었어요. 친구들이 새 운동화를 알아봐 주길 바랐지만,
아무도 눈치채지 못했어요. 아사모아는 속이 조금 상했어요.
그래도 뭐 괜찮아요. 행복한 마음이 더 크니까요.
친구들과 왁자지껄 떠들다 보니 속상한 마음도 금세 사라졌어요.

마을 어른들은 공정 무역을 하면서 마을을 위해 두 가지를 꼭 만들자고
마음을 모았어요. 학교와 우물!
아사모아가 다니는 학교가 바로 그렇게 해서 생긴 거예요.
전기가 들어오지 않아 비가 오는 날이면 교실이 어둑어둑하고,
교실도 모자라서 여러 학년이 한 교실에서 공부를 해야 해요.
그래도 아사모아와 친구들은 마음에 꿈을 하나씩 품고서 즐겁게 공부하고 있어요.

난 간호사가 되어 마을 사람들이
아플 때 내 손으로 돌봐 줄 거야.

우리 학교에서는 내 드리블
실력이 최고야. 이다음에 꼭
국가 대표 축구 선수가 될 거야.

난 학교를 마치면 도시로
나가서 운전을 배울 거야.
운전사가 카카오 농부보다
돈을 더 잘 벌거든.

나는 선생님이 될 거야. 오빠가 공부도 못하면서
어떻게 선생님이 될 거냐고 놀리지만, 우리 선생님도
어렸을 땐 공부를 못했대.

어른이 되어서도 마을에서
사는 게 좋을지, 도시로 가는 게
좋을지 아직 못 정했어.
쿠아파 코쿠가 되고 싶긴 한데……

수업 시작종이 울리자 아사모아네 학교에
단 한 명뿐인 선생님이 교실로 들어왔어요.
"모두 기분 좋은 걸 보니 부모님들이 콩 판 돈으로
선물을 하나씩 사 주신 모양이구나?"
"네!"
아사모아와 친구들은 교실이 떠나가라
큰 소리로 대답했어요.
"우리 마을 사람들은 공정 무역 덕분에 먹을 것도 사고
집도 고치고 또 학교에 다닐 수도 있어요. 부자는
아니지만 그래도 행복하게 살고 있지요. 하지만
공정 무역으로 카카오 콩을 사 가는 양은 아주 적어요."
선생님은 공정 무역으로 거래되는 카카오 콩은
전 세계 생산량의 0.1퍼센트밖에 안 된다고 했어요.
전 세계 농부들이 길러 내는 카카오 콩이 100개라면,
공정 무역으로 거래되는 양은 콩 하나를 열 조각으로
나눈 것 가운데 한 조각밖에 안 된다는 거지요.
공정 무역으로 카카오 콩을 팔지 못하는 사람들은
여전히 옛날 아사모아네 마을 사람들처럼 살고 있어요.
어른들은 맛있는 카카오 콩을 수확하고도
기뻐할 수 없고, 아이들은 아사모아처럼
학교에 다니는 건 꿈도 꾸지 못할 거예요.

선생님이 사진 한 장을 보여 주며 말을 이었어요.
"이건 이웃 나라에서 찍은 사진이에요. 어린이들이 아주 큰 카카오 농장에서
일하는 모습이에요. 우리나라에도 이렇게 큰 농장에서 하루 종일 일하는
어린이들이 있어요."
사진 속에서는 어린이들이 카카오 콩이 가득 든 자루를 힘겹게 나르고 있었어요.
아사모아와 친구들처럼 가끔 엄마 아빠를 돕는 게 아니라
온종일 뙤약볕 아래에서 일해야 한대요.
"공정 무역을 하지 않으면 콩값을 제대로 받을 수 없어요. 그래서 아이들한테
일을 시키는 거예요. 아이들한테는 돈을 조금만 줘도 되니까
어른들 대신 일을 시키는 거지요."
아사모아는 마음이 아팠어요.
'작은 몸으로 온종일 일하려면 얼마나 힘들까? 어쩌면 너무 힘들어서
남몰래 울고 있을지도 몰라.'

어린이 노동, 공정 무역으로 막아요

어린이들의 노동 실태

유니세프(국제 연합 아동 기금)에 따르면 전 세계적으로 1억 5천만 명에 달하는 어린이들이 위험한 노동을 하고 있어요. 정말 놀랄 일이지요?
하루에 12시간 넘게 일하는 어린이들은 건강도 나쁘고 교육도 받지 못해요. 일이 너무 힘들어 꾀를 부리면 매를 맞기도 해요. 카카오 농장에서도 이런 일이 많이 벌어지고 있어요. 이건 다 가난 때문이에요. 가난한 나라에 사는 가족들은 아이들까지 돈을 벌지 않으면 먹고살기 어려워요.

어린이의 권리

세계 공정 무역 기구가 정한 10가지 원칙 가운데에는 어린이 노동을 금지하는 규정이 있어요. 공정 무역에 참여하는 모든 단체는 유엔 아동 인권 협약과 나라마다 정한 아동 고용에 대한 법을 지켜야만 해요. 어린이가 가족을 돕기 위해서 일을 할 때도 어린이가 교육받을 시간과 놀 시간을 보장해 주어야 하고, 건강에 해로운 일을 시켜서는 안 돼요.

어린이 노동과 공정 무역

공정 무역으로 만든 초콜릿을 사면 카카오 농장에서 벌어지는 어린이 노동을 줄일 수 있어요. 공정 무역 초콜릿을 사는 사람이 늘어나면 더 많은 농부들이 카카오 콩을 공정 무역으로 팔 수 있어요. 그런 농부들은 콩값을 더 많이 받으니까 아이들을 일터로 내보내지 않고도 살아갈 수 있어요. 또 공정 무역으로 콩을 팔려면 어린이에게 강제로 노동을 시켜서는 안 돼요.
그러니까 우리가 공정 무역 초콜릿을 사는 만큼 어린이 노동이 줄어드는 셈이지요.

3교시 시작종이 울리자 선생님이 뭘 한 아름 안고 교실로 들어왔어요.
"초콜릿 먹어 본 사람?"
아이들은 몸이 달았어요. 선생님이 갖고 온 것이 초콜릿이라는 걸 눈치챘거든요.
얼마 전 마을 어른들 몇이 영국에 다녀왔는데, 쿠아파 코쿠 조합 농부들이 생산한 카카오 콩으로 초콜릿 만드는 공장을 방문했대요. 그 회사는 쿠아파 코쿠 조합의 것이기도 해요. 영국 사람들과 쿠아파 코쿠 조합이 함께 세운 회사이니까요.
어른들이 집으로 돌아올 때 그 공장에서 만든 초콜릿을 가지고 온 거예요.
아사모아는 처음으로 초콜릿을 먹어 보았어요.
초콜릿이 아까워 조금씩 깨물어서 아주 천천히 녹여 먹었지요.
초콜릿은 진짜 맛있었어요.

학교가 끝나자마자 아사모아와 친구들은 모두
마을 한가운데에 있는 우물로 달렸어요.
벌써 마을 사람들이 모여 있었지요.
우물 공사가 드디어 마무리된 거예요.
마을 촌장님이 아사모아에게 말했어요.
"아사모아, 네가 물을 퍼 보겠니?"
우물에 설치한 펌프 손잡이를 힘껏 누르자,
시원한 물이 콸콸 쏟아졌어요.
아사모아는 맑고 티 하나 없는 물을 한 모금 마셔 보았어요.
"달고 시원한 것이 강물과는 비교도 할 수 없을 만큼 맛이 좋아요."
아사모아의 말에 마을 사람들이 모두 환호성을 질렀어요.
그 순간 아사모아는 결심했지요.

'나는 쿠아파 코쿠가 될 거야!'

공정 무역을 하면 모두 행복해요!

무역으로 얽혀 있는 지구촌

여러분이 오늘 아침에 먹은 빵의 포장지를 한번 살펴보세요. 밀가루는 미국에서 기른 밀을 빻은 것이고, 설탕은 중앙아메리카의 니카라과에서 기른 사탕수수에서 뽑은 것이에요. 또 여러분이 입고 있는 옷은 어떤가요? 옷감은 인도에서 기른 면화로 짠 것이고, 그 옷감으로 옷을 만든 사람은 방글라데시의 노동자들입니다. 한 입 베어 물면 달콤하고 쌉싸래한 맛이 나는 초콜릿은 아프리카와 중앙아메리카 여러 나라에서 기른 카카오 콩으로 만든 것이지요.

　이렇게 우리의 하루하루 생활은 전 세계 여러 나라의 농부, 노동자들과 연결되어 있습니다.

전 세계 사람들을 이어 주는 무역

우리와 전 세계 사람들을 이어 주는 것은 무역입니다. 나라와 나라 사이에 물건을 사고파는 일 말이에요. 자기 나라 물건을 외국에 파는 것을 수출이라 하고, 외국 물건을 사 오는 것을 수입이라고 하지요.

　무역은 본래 좋은 일입니다. 무역으로 우리는 우리나라에서 나지 않는 석유를 사다가 자동차를 움직이고, 전기를 만들어 쓸 수 있지요. 우리에게 석유를 파는 나라들은 거꾸로 우리나

라에서 많이 나거나 우리가 잘 만드는 것을 사 갑니다.

이처럼 무역은 서로에게 필요하지만 부족한 것을 채워 주어 사람들을 행복하게 해 줍니다. 초콜릿이 입안에서 사르르 녹을 때 얼마나 기분이 좋은지 한번 떠올려 보세요. 무역이 아니었다면 환상적인 초콜릿을 절대 맛보지 못했을 거예요.

불공정한 무역으로 불행해지는 사람들

그런데 지구 한쪽에는 오히려 무역 때문에 불행해지는 사람들이 있습니다. 아사모아의 아빠처럼 카카오 농사를 짓는 농부들이 바로 그런 사람들입니다. 왜 이런 일이 벌어질까요?

무역은 회사들을 통해서 이루어집니다. 회사들은 한 나라에서 물건을 사서 다른 나라에 팔기도 하고, 초콜릿 회사들이 카카오 콩을 사서 초콜릿을 만들어 파는 것처럼 한 나라에서 산 원료로 다른 물건을 만들어 팔기도 합니다.

이런 회사들은 되도록이면 많은 이익을 남기고 싶어 합니다. 그러려면 최대한 물건을 많이 팔아야 합니다. 그런데 사람들은 같은 물건이라도 값이 싼 것을 삽니다. 그래서 같은 물건을 만들어 파는 회사들은 서로 값을 낮추려고 애를 씁니다. 초클릿을 만드는 회사는 카카오 콩을 싼값에 사고, 옷을 만들어 파는 회사는 가난한 나라에 세운 공장에서 일하는 노동자들에게 돈을 적게 줍니다. 심지어는 어린이들을 고용해 일을 시키기도 하지요.

모두가 행복한 공정 무역

우리는 맛있는 것을 먹고 멋진 옷을 입고 발로 찬 축구공이 힘차게 날아가는 것을 보면 행복합니다. 그런데 우리가 먹고 입고 가지고 노는 것을 만든 사람들도 우리처럼 행복할까요?

일한 대가를 제대로 준다면 그들도 행복해집니다. 아주 간단한 방법으로 그렇게 할 수 있습니다. 공정 무역 제품을 사는 것입니다.

공정 무역 제품은 아주 조금 더 비쌉니다. 공정 무역 제품을 살 때 우리가 조금 더 내는 돈은 그 제품을 만들기 위해 정성껏 일한 사람들에게 돌아갑니다. 그 돈은 우리가 그들에게 주는 선물이 아닙니다. 그들이 당연히 받아야 할 몫을 주는 것입니다.

공정 무역으로 행복해진 사람들의 이야기

"예전에는 물을 긷기 위해 하루에 5킬로미터를 걸어야 했어요. 그렇게 길어 온 물도 깨끗하지 않아서 헝겊으로 걸러 먹어야 했지요. 지금은 공정 무역 덕분에 생긴 마을 우물에서 물을 길어요. 다른 동네 사람들이 모두 부러워합니다."
_가나의 카카오 농부, 글라디스 오키

"우리가 공정 무역 농민이 된 뒤로는 여자들이 애를 낳다가 죽는 일은 없어졌어요. 전에는 애를 낳으려면 산 아래에 있는 병원까지 내려가야 했거든요. 우리는 공정 무역 덕택에 이곳에 산부인과 병동 두 채를 지었어요." _우간다의 차 농부, 줄리엣 엔트위레나보

"예전에는 학교에 가려면 10킬로미터를 걸어야 했어요. 그건 거의 불가능한 일이었어요. 학교에 다니는 아이가 거의 없었죠. 지금은 우리 마을에 교실 다섯 개짜리 학교가 생겼어요. 우리 마을에 있는 아이들은 누구나 학교에 다닙니다."
_말리의 목화 농부, 마칸디안핑 케이타

"우리가 바나나를 기를 때 화학 비료나 약품을 거의 안 쓴다는 사실을 사람들이 알았으면 좋겠어요. 우리 농장에서 기른 바나나를 우리 스스로 아무렇지도 않게 먹는 걸 보면 금방 그 사실을 알 수 있을 거예요. 공정 무역으로 바나나를 팔 수 있어서 가능한 일이지요. 공정 무역으로 돈을 더 벌면 아이들 교육비로 쓸 거예요." _에콰도르의 바나나 농부, 아나

"우리 아이들은 돈을 벌기 위해 나처럼 미국이나 멕시코로 갈 필요가 없을 거예요. 공정 무역으로 커피를 파는 덕분에 세 아이 모두 학교에 다니고 있어요. 아마 대학에도 갈 수 있을 거예요. 공정 무역이 아니었다면 불가능한 일이죠."
_코스타리카의 커피 농부, 헤라르도 아리아스 카마초

공정 무역 제품

우리나라에서 볼 수 있는 공정 무역 제품에는
초콜릿, 커피, 옷, 설탕, 차, 올리브유 등이 있어요.
이제 막 시작된 나눔의 제품이라 대형 마트나
동네 가게에서 만나기는 어렵지요.
'아름다운가게'나 인터넷 상점에서는
쉽게 만날 수 있어요.

세계 공정 무역의 날

세계 공정 무역 기구에서는 2001년, 공정 무역을
전 세계에 알리고 많은 나라들이 참여하기를
바라는 뜻에서 매년 5월 둘째 주 토요일을
'세계 공정 무역의 날'로 정했어요. 우리나라에서도 이날
공정 무역을 알리는 여러 가지 행사를 펼치고 있지요.

지구촌 사회 학교

더불어 사는 세상과 지속 가능한 삶을 위해 함께 생각해 봐야 할
사회과 주제를 생생한 이야기로 배웁니다.

01 공정 무역 공정 무역, 행복한 카카오 농장 이야기 신동경 글 | 김은영 그림
02 북한 이탈 주민 먼저 온 미래 김정희 글 | 유설화 그림
03 다문화 사회 땅콩 시장에서 행복 찾기 이혜진 글 | 김효진 그림
04 문화 다양성 한집에 62명은 너무 많아! 송미영 글 | 김다정 그림
05 원자력 발전 후쿠시마의 눈물 김정희 글 | 오승민 그림
06 아시아의 이웃 나라 미얀마, 마웅저 아저씨의 편지 진형민 글 | 김태은 그림
07 개발과 보존 시화호의 기적 김정희 글 | 윤정미 그림

글쓴이 신동경
1968년 춘천에서 태어났습니다. 서울대학교 독어교육과를 졸업하고 한신대학교 신학대학원에서 공부했습니다. 지금은 출판사에서 어린이책을 만들고 있습니다. 쓴 책으로 『여름이의 개울 관찰 일기』, 『물은 어디서 왔을까?』, 『더워야, 썩 물렀거라!』, 『공룡 X를 찾아라』 들이 있습니다.

그린이 김은영
대학에서 시각디자인을 전공한 뒤, 일러스트레이션 교육 기관 '꼭두'에서 그림책을 공부했습니다. 『쨍쨍 세탁소 아저씨』로 2012년 볼로냐 국제 어린이 도서전에서 '올해의 일러스트레이터'로 선정되었고, 『What is in your purse?』, 『제비 몰러 나간다-박동진』, 『세상에서 가장 낮은 사람-김구』 등에 그림을 그렸습니다. 책마다 이야기 속 등장인물의 마음이 전해질 수 있도록 즐겁게 그림을 그리고 있습니다.

지구촌 사회 학교 01
공정 무역, 행복한 카카오 농장 이야기

2013년 5월 30일 1판 1쇄
2023년 11월 15일 1판 12쇄

글: 신동경 | 그림: 김은영 | 기획: 서정화 | 편집: 최옥미·강변구 | 디자인: 김지선 | 마케팅: 이병규·양현범·이장열·김지원 | 홍보: 조민희
제작: 박홍기 | 인쇄: 천일문화사 | 제책: 책다움

펴낸이: 강맑실 | 펴낸곳: (주)사계절출판사 | 등록: 제406-2003-034호 | 주소: (우)10881 경기도 파주시 회동길 252
전화: 031) 955-8588, 8558 | 전송: 마케팅부 031) 955-8595 편집부 031) 955-8586 | 홈페이지: www.sakyejul.net | 전자우편: skj@sakyejul.com
블로그: blog.naver.com/skjmail | 페이스북: facebook.com/sakyejulkid | 인스타그램: instagram.com/sakyejulkid

ⓒ 신동경, 김은영 2013

값은 뒤표지에 적혀 있습니다. 잘못 만든 책은 구입하신 서점에서 바꾸어 드립니다.
사계절출판사는 성장의 의미를 생각합니다. 사계절출판사는 독자 여러분의 의견에 늘 귀 기울이고 있습니다.
이 책은 저작권법에 따라 보호받는 저작물이므로 무단전재와 복제를 금합니다.

ISBN 978-89-5828-673-8 73320